Love Adagio

Love Adagio

박상순 시집

민음의 시 121

민음사

시는 가나다, 숫자, 알파벳 순으로 배열한다.
다만, 첫 시는 짧게,
마지막은 '마지막'이니까.

― 박상순

차례

빨리 걷다 · 11

가수 김윤아 · 12

가야금 연주로 키사스 키사스를 듣다가 · 15

가을이 오면 · 17

강원도는 싫어요 · 19

그녀는 서른에서 스물아홉이 되고 · 20

금빛 · 22

기린 · 24

꽃잎 R · 26

나에게 길이 있었다 · 27

남태평양의 붉은 고래 · 29

내 가슴 속에서 지구는 돌고 · 32

단풍 숲에서의 짧은 키스 · 34

두 번째 다리의 정복자 · 35

들국화와 단둘이 · 36

물 위로 굴러 가는 토마토 · 38

물 위의 암스테르담 · 39

바빌로니아의 공중정원 · 41

밤의 자전거 보관소 · 42

벽에서 풀이 돋아요 · 43

봄밤 · 45

봄비 · 46

빵공장으로 통하는 철도로부터 23년 뒤 · 49

새로운 인생 · 51

생의 시간, 사랑의 속도 · 52

서쪽의 넓은 벽 · 54

섬 · 55

식탁 위의 일요일, 벽 속의 소리 · 57

아주 오래된 숲에 대하여 · 59

안나, 마가렛, 레나 : 두려움과 웃음과 소멸 · 62

옛이야기 · 64

오늘은 발이 시린, 가슴이 작고 어깨가 조금 넓은, 일주일에 한 번쯤은 목소리가 고운, 가을 공기를 좋아하는 그녀를 위한 굽 낮은 구두 속의 해파리 · 66

울지 않는 사람의 눈 · 73

의사 K와 함께 · 74

이 가을의 한순간 · 78

일주일에 세 번 · 80

자유의 여신 · 82

절망의 그림 · 84

죽은 동물을 태운 잠수함처럼 · 85

창밖에 · 91

철근 한 묶음 · 92

침묵의 뿌리 · 94

카타르, 세계의 모든 열기 또는 300볼트용 커넥터 · 97

칼을 든 미용사를 위한 멜로디 · 100

택시 · 103

텅 빈 도시가 내 방 안에 맨발로 서 있다 · 104

토카타, 나의 토카타 · 106

푸르른 사람 1 · 107

푸르른 사람 2 · 114

하늘에 비행기 땅에는 섹스 · 116

할머니의 물고기 · 122

황혼에, 가야금 연주로 비발디의 곡을 듣다가 · 124

10개의 강아지 인형을 지키는 옷장 속의 인간 · 126

6월 28일, 나무 속의 검은 새 · 127

Love Adagio · 129

Tan – Tan – Tan · 130

피날레 Finale · 132

빨리 걷다

이제 나는 유리병, 동 파이프, 고무 벌레, 붉은 벽돌, 거미줄, 안개, 비상구, 접시, 세탁소, 푸른 항구, 불난 집, 가방, 끈 떨어진 꾸러미, 자동차, 사라진 구름, 발, 발, 발, 밤, 밤, 밤.

가수 김윤아

 내 이름은 윤아야. 가수 김윤아. 좋아하는 뮤지션? 그런 건 없어. 시집. 그런 건 안 읽어. 책?『고원──정신분열증2』를 몇 쪽 봤을까? 책 표지는 기억해. 시인. 빵공장, 마라나. 그런 시를 쓴 시인의 디자인일 거야. 아무튼 내 이름은 윤아야.

 까르푸에서 그 시인을 보았어. 내 얼굴은 몰라. 그 사람은 나를 몰라. 그는 파니 프라이스만 생각해. 그 여자는 화가야. 화가 지망생. 이탈리아에서 죽었대. 이야기 속의 이야기야. 엑스트라였나 봐. 그런데도 그 여자만 생각해. 하지만 내가 만든 노래야.

 사실 내 이름은 파니야. 스페인어 할 줄 아니? 내가 복사했어. 가수 김윤아의 노래. 내 친구 윤아가 감기약을 먹고 누워 잠들었을 때, 나와 함께 가기로 한 스페인 꿈을 꾸고 있을 때 내가 했어. 어떻게 된 거냐구? 물음표를 뒤집어봐. 새우 한 마리. 바다에서 잡혀온 새우 한 마리. 탱고 춤을 출거야.

 하지만 잘 생각해! 속으면 안 돼! 내 이름은 윤아야.

가수 김윤아. 정신적인 윤아. 즉물적인 윤아. 하지만 내게는 없어. 인상적인 윤아. 사실적인 윤아. 표현적인 윤아. 대면적(對面的)인 윤아. 침투적인 윤아. 음악은 좀 아니? 오르페우스와 에우리디케의 사랑이 슬프다고 생각하니? 미니멀하지! 잘 생각해. 내가 복사했어.

 미니멀한 것으로 한 곡 들려줄까? 하지만 뒤틀 줄도 알아야 해. 내 비극의 컬러를 모르면 마라톤 경주를 관람할 수 없단다. 본능이라고 생각하진 마! 눈을 감으면 잘 들리니? 귀를 막으면 더 크게 들리지? 그 사람 이야기를 다시 해볼까? 빵공장, 마라나. 그런 시를 쓴 사람 있잖아. 사실은 내 시야. 새우 한 마리. 바다에서 잡혀 온 새우 한 마리.

 내 이름은 윤아야. 가수 김윤아. 너에게도 써줄까? 아니면 한 곡 들려줄까? 컬러풀한 걸루. 아이덴티티는 너무 20세기적이야. 난 움직여. 움직이고 있다구. 하얗게 밀려오는 밤바다의 파도. 이른 아침 7시 50분에 시청사 정문 앞 도로변에 서보면 다 보여. 현대적으로, 21세기적으로, 그렇지만 능숙하게 르네상스식으로도.

너도 한번 볼래? 하지만 잘 생각해! 속으면 안 돼. 나 말고, 나 말고, 너에게 속으면 안 돼. 사실 내 이름은 꿀벌이야. 레이스가 달린 새하얀 속옷이야. 새우야. 메타피지컬이야. 하얗게 밀려오는 밤바다의 파도. 동사야. 명사야. 알타미라 벽화야. 칫솔을 사러 가는 곰인형이야. 변신이야. 장치야.

밤이야. 아침이야. 하늘이야. 땅이야. 새벽이야. 바다야. 33, 44, 66 —— 나야. 나.

가야금 연주로 키사스 키사스를 듣다가

당신을 위해 나는
검은 눈
검은 옷, 검은 술, 검은 길이 됩니다.

당신을 위해 나는
검은
모든 것이 됩니다.

그래도 끝은 오지 않았습니다.

당신을 위해 나는
하얀 처녀
하얀 목, 하얀 입술, 하얀 머리, 하얀 손……

그래도 끝나지 않았습니다.

그래서 당신을 위해 나는
썩은 비둘기가 됩니다.
썩은 감자, 썩은 눈, 썩은 머리, 썩은 달, 썩은 눈물
썩어버린 하얀 손

그래도 끝나지 않았습니다.

당신을 위해 나는
죽는 연습을 합니다. 썩는 연습. 썩어서 버려지는 연습을 합니다.
그래도 끝나지 않았습니다.

그래도 당신을 위해 다시 한 번
검은 눈, 검은 길, 하얀 처녀, 하얀 강
당신을 위한 그 모든 것들이 되어봅니다.
그래도, 그래도 끝이 나지 않습니다.

키사스, 키사스, 키사스
그런 곡을 듣다가 나는 비둘기가 됩니다.

당신을, 당신을 위해 나는
그냥, 썩은 비둘기가 됩니다.

그래도 끝은 오지 않았습니다.

가을이 오면

1
내가 여기 있을게요
아주 큰 신발을 들고

2
우울해하지 마세요
문 닫힌 밤의 상가 주위를 함께 돌아요

3
떼어줄게요
내 두 발을 다
키 작은 나무숲에 던져둘게요

4
Cindy, Cindy 하고 말해 봐요
그냥 서양식 여자 이름이지만
말해 봐요. 내가 도와줄게요

5
구름이 타겠지요

하늘의 숨이 멈추고
우리들의 머리가
낙엽처럼 뒹굴겠지요

6
그래도 손바닥을 펴 보일게요
내 손바닥

강원도는 싫어요

　싫어요. 강원도는 싫어요. 풀들이 있고, 바다가 있고, 봉평 메밀꽃이 있고, 소양강 안개가 있고, 아우라지 나루가 있고, 계곡이 있고, 적멸보궁이 있고.

　싫어요. 강원도는 싫어요. 밤의 시멘트 공장을 볼 때처럼 싫어요. 우주 전쟁의 한 장면처럼 싫어요. 광란처럼 싫어요. 푸른 보석처럼 빛나는 새벽이 있고, 눈길이 있고, 봄이 오고, 여름이 오고.

　그래도 정말 싫어요. 강원도는 싫어요. 말도 하기 싫어요. 무조건 다 싫어요.

그녀는 서른에서 스물아홉이 되고

철고양이 또는
무쇠늑대가
주유소 지붕 위에서
늙는 밤

그녀는 서른에서 스물아홉이 되고
나는 서른하나에서 서른셋이 되고

철고양이 또는 무쇠늑대가
늙는 밤
그녀는 황혼에서 새벽이 되고
나는 황혼에서 한낮이 되고
불을 켠 자동차는 달려가고
불을 켠 자동차는 달려오고

철고양이 또는
무쇠늑대가
주유소 지붕 위에서
늙는 밤

나는 둘에서 하나가 되고
그녀는 하나에서 둘이 되고
나는 둘에서 하나가 되고

철고양이 또는
무쇠늑대가
주유소 지붕 위에서
늙는 밤

그녀는 서른에서 스물아홉이 되고
나는 서른에서 마흔이 되고

금빛

 중국산 담배를 한 갑을 받았다. 탑이 서 있고 구름이 있고 금빛 산과 들이 떠 있고 강물 또한 떠 있다. 담뱃갑 비닐 포장 바로 밑엔 강물이 금빛으로 흐른다.

 붓끝으로 찍어놓은 붉은 탑, 산 등등의 글씨를 손끝으로 눌러본다. 금빛 물에 손가락이 잠긴다. 물밑에 놓인 담배들도 금빛으로 느껴진다. 금빛. 내 손끝이 물속에서 나와 금빛? 하고 묻는다.

 탑이 그 소리를 받는다. 금빛? 내 검지는 다시 탑과 산과 구름과 강물 사이로 돌아간다. 금빛? 어디선가 금빛 기계가 돌아가는 소리가 금빛 구름으로 변하여 내 귓속으로 왔다가 되돌아간다.

 내 귀가 금빛으로 물든다. 금빛 강물이 담뱃갑 모서리를 폭포처럼 내려와 내 무릎을 감는다. 금빛. 내 다리를 감는다. 금빛 강이 딱딱한 종아리를 휘돌며 파장이 인다.

 금빛 물속에서 내 손가락이 나와 옆구리를 찌르며 금

빛? 자꾸 묻는다. 금빛. 내 옆구리가 금빛으로 물든다.
금빛. 내 허리가 잠긴다. 금빛.

기린

밤의 바닷가에 앉아 양말을 신는다. 기린이 달려오는 것 같다. 벗어놓은 웃옷을 걸친다. 아직도 기린이 달려오는 것 같다. 기린이 아닐지도 모른다. 하지만 기다란 목이 바다에서 올라와 밤의 모래밭을 달려 내게로 다가오는 것 같다.

육지 쪽으로는 환한 불빛이 아직 빛나고 가끔씩 웅성거리며 몇 무리의 사람들이 지나가지만 검푸른 물속에서 기린이 나와, 내게로, 내게로 달려오는 것 같다. 잘못된 생각일지도 모른다. 잘못된.

그런데도 자꾸 기린이 달려온다. 양말 때문일까. 한쪽 양말을 벗어본다. 그래도 자꾸 기린이 달려오는 것 같다. 나머지 한쪽의 양말도 벗는다. 기린. 어깨에 걸친 웃옷을 다시 벗는다. 기린.

물에서 나온 기린이 모래밭을 건너 내게로 온다. 나뭇잎 같은 별들이 떨어져 기린의 목을 스친다. 달빛이 그물이 되어 기린에게 내려온다.

갑자기 형광등 공장이 보인다. 형광등 공장이 불탄다. 기린은 또 달려온다. 기린. 달빛 그물을 뚫고 기린이 달려온다. 내 앞에. 기린. 눈앞에는 갑자기 형광등 공장이 보이고 형광등 공장이 불타고. 또 달려온다 기린.

꽃잎 R

할아버지 무덤 아래 콘크리트 말뚝
그 말뚝 아래 더 낮은 구릉 아래
눈 없는 젖소들이 토해 내는
꽃잎

분홍으로, 분홍으로
쏟아져 내리다가
내가 크는 사이에, 내가 늙는 사이에
돌처럼 굳어버린
할아버지 무덤 아래

콘크리트 말뚝 아래, 더 낮은 구릉 아래
돌처럼 굳어버린 내 목을 딛고
눈 없는 젖소들이 토해 내는
꽃잎

나에게 길이 있었다

그 길에 서 있는 모자 쓴 사람
가방을 든 사람, 눈이 큰 사람, 키가 큰 사람, 멜빵을 멘 사람
그 사람들이 뭉쳐서 하나가 된 사람

뭉쳐진 사람들 사이에서 부스러기처럼 떨어져
다시 가방을 든 사람, 눈이 큰 사람, 키가 큰 사람
새로 산 구두를 쭈그려 신은 사람

좁은 길을 따라 굴러 가던 동그란 사람
길 끝에서 오랫동안 나를 기다리던 사람

그 사람들이 모두 사라진 길 위에
또 보이는 사람
새로 나온 사람, 새로 뭉쳐진 사람, 다시 또 부스러기처럼 떨어진 사람
그 길에 서 있는 모자 쓴 사람

길이 끝난 곳에서
그가 지나온 길을 색종이처럼 동그랗게 말아놓고 사

라지던 사람
 멜빵을 멘 사람

 빈 상자를 닮은 사람, 눈이 큰 사람을 닮은 사람, 키가 큰 사람을 닮은 사람,
 사람을 멘 사람,
 오랫동안 나를 바라보던 사람

남태평양의 붉은 고래

남 * 태 * 평 * 양

등장인물 A, 등장인물 B, 등장인물 C, 등장인물 D
사건 A, 사건 B, 사건 C, 반전 A
결말 A

배경 A, 심리 B, 상황 C, 메모 D
남자 A, 여자 B, 작가 C, 편집자 D
카프카 A, 헤밍웨이 B, 버지니아 울프 C, 시인 D

남 * 태 * 평 * 양

수정한 날짜 A, 수정한 날짜 B, 수정한 날짜 C
크기 A, 크기 B, 크기 C, 질량 D
부피 A

무대 A, 느낌 B, 상황 C, 메모 A
눈빛 A, 손짓 B, 가해자 C, 피해자 D
변신 A, 노인과 바다 B, 자기만의 방 C, 시인 F

남 * 태 * 평 * 양

호텔
저녁 식사 시간이 오기도 전에 그의 팽창을 견디다 못한 그의 바지가 터진다
호텔
저녁 식사 시간이 오기도 전에 그의 아랫배가 터져버린다
그의 턱이 빠지고
그의 혀가 몸속으로 가라앉고

남 * 태 * 평 * 양

지겹도록 푸른 바다, 끝없는 바다
내 얼굴 A, 내 얼굴 B, 내 얼굴 C, 내 소설 D
함께 A, 더불어 B, 달리다 C, 싫다 D
지겹도록 푸른 바다, 바다 속의 붉은 고래

남 * 태 * 평 * 양의 작은 섬, 작은 모래
저녁 식사 시간이 오기도 전에 거대한 모자를 쓴

내 사랑의 요리사

붉은 머리 A, 노란 머리 B, 검은 머리 C, 반쪽 머리 D
사건 A, 사건 B, 사건 C, 반전 A
결말 A

남 * 태 * 평 * 양
늙은 내 어머니의 결혼식. 웨딩드레스. 한여름 밤의 꿈
남 * 태 * 평 * 양
꿈이라고 기록한 내 짧은 소설. 끝없는 바다
지겹도록 푸른 바다. 내 영원한 사랑의 식인 요리사

붉은 고래
검붉은 고래

내 가슴 속에서 지구는 돌고

그녀가 일어났다
내 의자를 넘어뜨렸다.
나는 온종일 넘어진 의자를 맴돌았다

일어선 그녀는 내 책장에 꽂힌 책들의 제목을 큰 소리로 읽고 있었다
나는 온종일 그녀를 바라보며 맴돌고 있었다

(햇볕이 따가운 5월의 피렌체 공항
 내 가슴 속에서 지구는 돌고
 흰 벽에 기대어 선 그녀의 목걸이는 빛나고

 또 다른 사랑을 위하여
 그녀의 목걸이는 이륙을 준비한다
 피레네 산맥을 자동차로 넘어온 나 또한
 다음 차례로 지상을 떠나지만, 묻지 않는다)

그녀가 자리에서 일어났다
내 의자를 넘어뜨렸다.
나는 온종일 넘어진 의자를 맴돌았다

일어선 그녀는 내 책장에 꽂힌 책들의 제목을 큰 소리로 읽고 있었다
　나는 맴도는 그녀를 바라보며 온종일
　맴돌고 있었다

　내 가슴 속에서 지구는 돌고
　구름은 내게
　내 사랑의 이름을 묻지 않는다

단풍 숲에서의 짧은 키스

내가 아직 아이였을 때
너는 비행기를 타고 산맥을 넘었다

여러 해 동안 너는
밤의 열기
가볍고도 유쾌한 사랑

그러나 나는 아직
체리향이 든 해열제를 먹고 누워 있는
키 작은 아이

단풍 숲에서의 짧은 만남이 오기도 전에
내 안에서 솟아오른 불길이
산맥을 넘어

너의 입술을 모두 태워버린다

두 번째 다리의 정복자

 첫 번째 다리에서 죽은 개. 첫 번째 다리에서 쏟아진 불행. 첫 번째 다리에서 끝장난 ●● 첫 번째 다리에서 다짐한 이별. 첫 번째 다리에서 복원된 고통. 첫 번째 다리에서 내던진 ●● 첫 번째 다리에서 맴돌기를 중지한 ●●

 첫 번째 다리에 불행 하나 건너가고. 첫 번째 다리에 ●● 하나 건너가고. 두 번째 다리에 선 정복자. 귀를 막고 입을 벌린, 눈을 감고 팔을 벌린 처량한 노래 같은, 절규 같은 ●●을 든 정복자. 세상의 모든 어린이들 사이에서 내 ●●를 치켜드는 두 번째 다리의 정복자

들국화와 단둘이

아홉 명 또는 여덟 명의 병사가 트럭에 오른다
나는 맨 끝에서 두 번째다
먼저 탄 병사가 투덜거린다
@#$%^&*()

트럭이 출발하고
내 앞에 탄 여전사도 투덜거린다
내 모자는 너무 무거워!
그 앞에 앉은 女戰士가 빙긋 웃는다

아홉 명 또는 여덟 명의 병사가 산길에서 내린다
나는 앞에서 두 번째
맨 뒤에서 누군가 나를 향해 소리 지른다
)(*&^%$#@

트럭이 내려가고
@#$%^&*()
뒤에 선 여전사가 속삭이며 손가락으로 내 등을 찌른다
나보다 먼저 내린
어린 병사는 보이지 않고

길가에
긴 창을 든 아주머니 하나가
나무처럼 서 있다

맨 뒤의 한 병사가 나를 향해 또다시
)(*&^%$#@
내 뒤에 선 여전사가 또다시
@#$%^&*()
나를 찌른다

내 어깨에
일곱 송이 또는 여덟 송이 피어난
들국화
)(*&^%$#@

내 앞에 간 어린 병사는 보이지 않고
@#$%^&*()
아홉 명 또는 여덟 명의 행렬이 산길에서 멈춘다

물 위로 굴러 가는 토마토

물 위로 굴러 가는 토마토
굴러도 빠지지 않는 토마토

바다에
물속에

집이 있고 밭이 있고
옛날옛날 멀고도 아주 먼 옛날의

이야기가 있고, 이야기책이 있고
길이 있고, 하늘이 익고

초록빛 토마토가 붉게 익어도

물 위로 굴러 가는 토마토
나의 토마토

물 위의 암스테르담

아빠는 두려워서 가지 못한단다
아들아, 딸아! 너희들이 대신 갈 수 있겠니?

물 위의 암스테르담
아직 열세 살인 너희들의 엄마가 있고,
아직 아홉 살인 너희들의 아빠가 있고
죽은 기린이 있고, 죽은 코끼리가 있고, 죽은 앵무새가 있고

죽어서도 어여쁜, 꽃들이 있고
죽어서도 떠다니는 연인들의 벌거벗은 몸이 있고

아빠가 타고 온 배들이 있고
아빠가 끌고 온 해일이 있고
아빠가 들고 온 폭풍이 있고
사람이 있고

지옥이 있고, 천국이 있고, 아빠가 만든 사람이 있고,
아빠가 무너뜨린 사람이 있고
아직 스무 살인 엄마가 있고, 아직 마흔 살인 엄마가

있고

죽어서도 어여쁜, 꽃들이 떠다니는
죽어서도 슬픈 별들이 떨어지는

물 위의 암스테르담, 떠다니는 진화의 유체(遺體)
아들아, 딸아! 너희들이 갈 수 있겠니?
아빠는 무서워서 가지 못한단다

아빠 대신 갈 수 있겠니, 갈 수 있겠니
그래도 한번쯤은 엄마에게 말해 줄 수 있겠니

바빌로니아의 공중정원

머리가 크고 배가 불룩 튀어나온 소년들이 오래된 야마하 피아노 한 대를 공중으로 옮기고 있다. 공중의 풀밭에 피아노가 옮겨진다. 나와 같은 또래로 보이는 소녀가 키 큰 화초 위에 앉는다. 피아노의 페달을 밟으며 어깨의 힘을 이용해 건반을 누른다.

나는 한편에 앉아 피아노 소리를 듣는다. 머리가 크고 배가 불룩 나온 소년들이 노래를 부르기 시작하지만 노래는 들리지 않는다. 피아노를 치는 그녀는 한 소절이 다할 때마다 한 번씩 옆으로 고개를 돌린다. 소년들은 반대편에 서 있다.

정원 아래. 허공 밖으로 내려가는 길이 어둠 속에 잠긴다.

밤의 자전거 보관소

바람이 감고 나간
녹슨 뼈들이
떨어지는

묶여진 소녀 하나
소년 둘
아저씨 하나

벽에서 풀이 돋아요

 벽에서 풀이 돋아요. 발아래 덤프트럭이 지나가요. 봄비를 싣고. 우르릉 우르릉. 트럭의 짐칸에서 봄비가 쏟아지고 있어요. 괜한 생각 하지 말아요. 그런 생각 하지 말아요. 소리를 더 크게 해요. 스피커를 통해 내 머리카락이 자라나는 소리를 들어봐요. 벽에서 풀이 돋아요. 풀을 뽑아주세요. 여기에 놓아주세요.

 흰 칠을 하게

 벽에서 풀이 돋아요. 덤프트럭이 지나가요. 봄비를 싣고. 우르릉 우르릉. 트럭의 짐칸에서 내가 떨어지고 있어요. 괜한 생각 하지 말아요. 그런 생각 하지 말아요. 소리를 더 크게 해요. 스피커를 통해 내 귀가 자라나는 소리를 들어봐요. 벽에서 풀이 돋아요. 풀을 뽑아주세요. 여기에 놓아주세요.

 흰 칠을 하게

 벽에서 풀이 돋아요. 덤프트럭이 지나가요. 봄비를 싣고. 우르릉 우르릉. 트럭의 짐칸에서 내가 떨어지고 있어요. 괜한 생각 하지 말아요. 그런 생각 하지 말아요. 소리를 더 크게 해요. 스피커를 통해 내 눈동자가 가라앉는 소리를 들어봐요. 벽에서 내가 돋아요. 풀을 뽑아주세요. 여기에 놓아주세요.

흰 칠을 하게

봄밤

어두운 골목길에 떨어져
끝까지 움직이는

한 쪽 팔

봄비

욕실의 문이 열렸다.
한 남자가 나오고
나비의 영혼들이 따라 나왔다

나비를 달고 욕실에서 나온
한 남자가 쓰러졌다

*

1963년 봄
위조지폐를 담은 인조 가죽 가방을 든 한 남자가
용산역에 하차했다.
걸어서, 걸어서 한강변
인적이 드문 다리 아래서
위폐가 든 가방을 소각했다.
(그러나 일주일 후에 그는 공범들 중 마지막으로 체포되었다.)

그날. 불타는 가죽 가방에서 나비들이 솟아올랐다
나비들은 불 속에 퍼덕이다가

다리 밑에 묻혔다.

그날
면과 가죽으로 만든 한 아이가 태어났다.
면과 가죽으로 만든 병실
면과 가죽으로 만든 기차
면과 가죽으로 만든 다리 위에서

나비의 영혼들과 입을 맞추고
개나리와 목련과 현기증과
불타는 가죽 냄새를 남기고
욕실 안으로 사라졌다.

*

면과 가죽으로 만든 욕실의 문이 열렸다.
한 남자가 나오고
나비의 영혼들이 따라 나왔다
한 남자가 쓰러졌다.

*

나의 고독이 쓰러졌다.

*

가방과 위폐와 나비들을 태우던 한 남자는 이제 늙어
손가락이 부러지고
발가락이 부러지고
느리게, 느리게만 내리는 봄비

마른 나무에서 봄꽃이 피어나고 있었다.

빵공장으로 통하는 철도로부터 23년 뒤

  한 시간 전에 약국에서 왔습니다. 그냥 소화제를 샀지요. 긴말은 하지 않았습니다. 안경을 쓴 약사가 흰 봉투에 넣어 주었습니다. 약값은 냈습니다. 거스름돈도 잘 받았습니다.

  그냥 소화제지요. 다른 약은 아닙니다. 식빵 한 봉지도 샀습니다. 약국 옆이 바로 빵집입니다. 소화제 두 알 먹고 거울 한번 쳐다보고 TV 앞에 앉아보니 빵 봉지가 두 개입니다. 한 봉지만 가져왔을 뿐인데.

  그것도 그냥 식빵입니다. 정말 한 봉지만 샀습니다. 채 한 시간도 지나지 않았습니다. 모자를 쓴 제빵공도 옆에 있었습니다. 끈 달린 종이봉투에 담아왔지요. 그렇지만 나는 그냥 TV를 켭니다. 내일은 맑답니다.

  사실 식빵은 잘 먹지 않습니다. 약국 옆에 제과점이 있었지요. 아주 오래된 제과점일 겁니다. 소화제는 서랍 속에 넣어두었습니다. 언젠가 다시 꺼내겠지요. 결국은 빵 봉지도 줄겠지요…… 소화제는 두 알이 줄었지요. 오늘은 월요일 저녁입니다.

내일은 또 맑답니다. 한 시간 전에 약국에서 왔습니다. 그냥 소화제를 샀지요. 긴말은 하지 않았습니다. 안경을 쓴 약사가 흰 봉투에 넣어 주었습니다. 내일은 연주회에 갈 겁니다. 오늘은 월요일. 저녁입니다.

새로운 인생

브라티슬라바에는 고동색 별이 뜬다.
──식당 앞에 박힌 키 큰 나무는
──오늘 아침부터 성장의 문을 닫았다

비엔나로 향하는 브라티슬라바의 길 위에는
한낮에도 고동색 별이 뜬다

──삼각형 공원에 놓인 철제 의자는
──오늘 아침부터 안식의 문을 닫았다

──오늘 아침부터
──여름은 길고
──여름은 길고

긴 여름의 브라티슬라바
한낮의 길 위에 더러운 고동색 별이 뜬다

──별 아래로 흘러들어온 더러운 택시 하나
──더러운 택시에서 내린 새로운 인생 하나
──숨 끊어진 곤충 위에 서 있다

생의 시간, 사랑의 속도

나는 지구, 내 사랑은 지구를 떠나는 우주선, 우주선 또 다른 행성이 너와 나를 증명하고자 한다

출발 전 우주선의 상황
지구:지(0), 우(0), 행(-1) **우주선:지(0), 우(0), 행(-1) **행성:지(-1), 우(-1), 행(0)

출발 후 4개월
지구:지(4), 우(3/8), 행(-8) **우주선:지(2), 우(4), 행(-6) **행성:지(-8), 우(-8), 행(4)

출발 후 6개월
지구:지(6), 우(4), 행(-6) **우주선:지(3), 우(6), 행(-3) **행성:지(-6), 우(-6), 행(6)

출발 후 12개월
지구:지(12), 우(8), 행(0) **우주선:지(6), 우(12), 행(6) **행성:지(0), 우(0+), 행(12)

출발 후 18개월

지구:지(18), 우(12), 행(6) **우주선:지(9), 으(18), 행(15) **행성:지(6), 우(12), 행(18)

출발 후 24개월
지구:지(24), 우(16), 행(12) **우주선:지(12), 우(24), 행(24) **행성:지(12), 우(24), 행(24)

출발 후 30개월
지구:지(30), 우(20), 행(18) **우주선:지(18), 우(30), 행(30) **행성:지(18), 우(30), 행(30)

출발 후 36개월
지구:지(36), 우(24), 행(24) **우주선:지(24), 우(36), 행(36) **행성:지(24), 우(36), 행(36)

나의 인생은 물체, 너는 속도, 느려지지도 빨라지지도 않는
우리들의 시간은 이별
내 생의 시간은 디지털한 고독

서쪽의 넓은 벽

 그 집의 서쪽 벽엔 창문이 없다. 어느 날 한 번, 그 벽 아래 좁은 골목으로 사람의 머리 하나가 지나가는 것을 보았다.

 깡충깡충. 골목의 맞은편 낮은 담장 위로 서른 번쯤 솟았다가 내려갔다. 반 토막의 머리, 한 토막의 머리…… 그런데 그 뒤로는 아무도 지나가지 않는다.

 그래도 나는 매일 그 집의 서쪽 벽을 본다. 창가에 설 때마다 그 벽은 내 눈 속으로 들어온다. 창문도 없고, 사람도 지나가지 않는 골목에 우뚝 선 붉은 벽. 아무런 일도 일어나지 않는다. 비둘기도 지나가지 않는다.

 그렇게 한 계절이 지나고 오래된 면도기가 바뀌고 솔 빠진 칫솔들이 새것으로 바뀌고, 이것저것 바뀌다가 어느 날, 자장면을 시켜서, 검붉은 면발들을 걸레처럼 뒤집으며 먹다가, 보았다. 내 눈에서 떨어지는 벽돌들. 붉은 벽돌들.
 그 속에 낡은, 내 얼굴처럼 낡은, 수세미가 담긴 빈 그릇 하나. 깡충깡충, 깡충, 깡충.

섬

한
여름
밤
내 허리에서 흘러나온 불빛이 가느다란 띠가 되어
강물이 되어
아래로
흘러내리는
한
여름
밤
내 허리에서 자꾸 쏟아지는 모래알들이 불빛이 되어
뿌리 없는 나무가 되어
내게로
다시 덮쳐오는
한 여름
밤 또는 낮 또는
밤
내가 지난날 작별을 고했던
할머니와 소녀들과 어머니들과 누이들과 여름 과일들까지도 모두

벌거벗은 병사가 되어 일제히
자리에서 일어났다

식탁 위의 일요일, 벽 속의 소리

봤어. 바다의 일요일이라는 영화. 얼어버린 호수. 검은 겨울만 생각나.
봤어. 모자를 쓴 초상이라는 그림. 달콤한 것, 향기로운 것만 생각나.

봤어? 내가 숨겨둔 금장식의 하늘. 내가 숨겨둔 물방울을 닮은 구름
봤어? 내 지갑, 내 열쇠, 내 얼굴,
식탁 위에 올려놓은 내 둘째 손가락 봤어?

들었어? 나뭇잎이 네게 전하는 소리.
들었어? 얼어붙은 호수 아래로 네 나쁜 기억이 흘러가는 소리.

잊었어. 숲의 일요일이라는 영화. 얼어버린 호수. 검은 겨울만 생각나.
잊었어. 모자를 쓴 초상이라는 그림. 달콤한 것, 향기로운 것만 생각나.

봤어? 내가 숨겨둔 금장식의 하늘. 내가 숨겨둔 물방

울 같은 구름
봤어? 내 신발, 내 식빵, 내 얼굴,
식탁 위에 올려놓은 내 손가락들 봤어?

들었어. 나뭇잎이 내게 전하는 소리.
들었어. 내 가방 속에서 얼어붙은 겨울 산이 움직이는 소리.

그렇지만 잊었어. 내가 숨겨둔 금장식의 하늘. 내가 숨겨둔 물방울 같은 구름
잊었어. 내 얼굴, 내 물병, 식탁 위에 올려놓은 내 손가락들. 잊었어.

아주 오래된 숲에 대하여

여름 강변에 앉아 우리는 칸트에 대해 이야기한다.
사실은 아주 커다란 숲에 대해 이야기한다.

여름 강변에서
이미 오래전에 죽은 칸트가 우리들의 이야기를 듣는다.
유령 칸트가 그의 낡은 가방에서 비닐봉지를 꺼내 우리에게 던진다.
서둘러 우리는 발목을 하나씩 잘라 그의 봉지에 넣어주고
다시 이야기를 시작한다.
풀밭에
누군가가 기르다 버린 집토끼 한 마리가 죽고, 썩어,
아이스크림처럼 녹는다. 옆에서 칸트가 아이스크림을 먹는다.
우리는 토끼의 유령에 대해서도 이야기한다.
하지만 사실은 아주 오래된 숲에 대해서 이야기한다.
낡은 가방을 멘 유령 칸트가 옆에서 우리들의 이야기를 듣는다.

그동안

무거운 모자를 쓴 경찰관이 오토바이를 타고 순찰을 돈다.
초여름의 강변이 아름다운 연인들로 빛난다.
그 사이로 낡은 가방을 멘 중년 하나가
토끼 같은 소녀의 손을 잡고 다리 밑 강가로 내려간다.
오토바이를 탄 경찰관이 그의 가방을 주시한다.
아름다운 연인들은 소녀를 바라본다.
강변에서 중년이 소녀의 몸을 들어올린다.
경찰관이 달려간다.
오토바이가 쓰러진다. 아름다운 연인들이 갑자기 넘어진다.
소나기가 내린다.
선상 카페의 네온사인이 잠깐 동안 꺼진다.
여름 강변에 소나기가 유령처럼 내린다.
유령 칸트가
오토바이를 훔쳐 타고 빗속으로 사라진다.

그동안에도 우리는 라틴풍으로,
때로는 미국식으로
아주 오래된 깊은 숲에 대하여 이야기한다.

이야기 속에서 깊은 숲이 녹는다. 〈내〉가 흘러내린다.
우리들의 이야기가 흘러내리는 풀밭 위로
소나기가 지나간다.
경찰관이 달려간다.

안나, 마가렛, 레나 : 두려움과 웃음과 소멸

안나 카린은 1961년 스톡홀름에서 태어났다. 발트 해로부터 30킬로미터 떨어진 멜라겐 호수의 동쪽 도시. 그녀는 한때 런던행을 결심했지만 머지않아 스톡홀름으로 되돌아온다. 올겨울 그녀는 짧은 헤어스타일이다. 통통한 얼굴. 유난히도 환한 웃음을 보이는 그녀의 사진에서 나는 스톡홀름 증후군을 생각한다. 1973년 스톡홀름에서 발생한 은행 강도 사건에서 인질들은 심리적 변화를 일으켜 강도의 편을 들었다. 사건이 종료된 후 한 여성 인질은 강도 중 한 명에게 애정을 느껴 자신의 약혼자와 파혼했다. 두려움을 함께하는 그 무엇. 안나는 올겨울 바로 그 스톡홀름 남부에 있다.

마가렛은 1968년 아일랜드의 더블린에서 태어났다. 이탈리아 로마에서 배우로도 활동했다. 지금 그녀는 밀라노에 살고 있다. 사진 속의 그녀는 늘 정면이다. 긴 머리의 그녀는 늘 희미한 미소만을 사진 속에 남긴다. 그러나 나는 잘 알고 있다. 집 안에서도 거리에서도 카페에서도 그녀는 큰 소리로 웃는다. 그녀가 소리 내어 웃을 때면 그녀의 어깨도 빛나는 긴 머리도 춤추듯 함께 웃는다. 늘 숨어 있지만 늘 웃음과 함께하는 그 무엇. 마가렛은 올겨울 밀라노 북부에 있다.

레나 슈투베는 1970년 베를린에서 태어났다. 1997년 초에 며칠 동안 그녀는 뉴욕에 있었다. 뉴욕에 도착한 다음 날 레나는 꿈을 꾸었다. 꿈속에서 그녀는 서둘러 팬티와 청바지를 입고 지퍼를 올렸다. 그녀가 문을 열고 밖으로 달아나자마자, 갑자기 솟아오른 거대한 모래 언덕이 푸른 벽지를 바른 그녀의 방과 그녀의 여름 샌들을 집어삼키며 무너져 내렸다. 그때부터 그녀는 그런 꿈을 자주 꾼다. 자꾸 무너져 내리는, 소멸하는 그 무엇. 그러나 올겨울 그녀는 뮌헨에 있다. 레나의 얼굴 가까이서 찍은 그녀의 사진을 나는 본 적이 없다. 내게는 그저 아무렇게나 찍은, 청바지를 입고 지퍼를 올리고 있는 그녀의 사진 한 장이 남아 있을 뿐이다

옛이야기

내가 잠에서 깨어나면 새들이 나를 피해 숲을 떠난다.
중국인 사내는 걱정한다.

내가 잠들면 키 큰 동물들이 숲으로 돌아와
새들을 사냥한다.
중국인 사내는 걱정한다.

내가 그 중국인 사내를 걱정하면 새들이
숲에서 빠져나오는 키 큰 동물들을 습격한다.

중국인 사내는 걱정한다.
내가 영원히 눈을 감고 누우면 새들이,
키 큰 동물들이, 중국인 사내를 공격할 것이다.

중국인 사내는 걱정한다.
그 중국인 사내는 어느 날
키 큰 동물이 되어 큰 새가 되어
이야기를 듣는다.

이야기의 숲 속에 쓰러진 키 큰 짐승

나를 타고 누워버린
중국인 사내는 걱정한다.

── 빨리 떠나는 새들
── 늦게 돌아오는 새들
── 쓰러진 짐승만이 나오는
── 내 숲 속의 이야기

오늘은 발이 시린, 가슴이 작고 어깨가 조금 넓은, 일주일에 한 번쯤은 목소리가 고운, 가을 공기를 좋아하는 그녀를 위한 굽 낮은 구두 속의 해파리

大地는 나의 땅
탄생이 걸어오고
죽음이 걸어간다

대지는 나의 땅
전쟁이 걸어오고
평화가 걸어간다

대지는 나의 땅
나쁜 꽃들이 피고
질 나쁜 나무가 자란다

나는 아침 일찍 일어나 올가미를 준비한다. 잠자리 한 마리가 바람을 끌고 날아온다. 시험 삼아 나는 바람의 목에 올가미를 던진다. 내 올가미에 걸린 바람이 가을의 소리를 낸다. 소리가 물러난다. 팽팽해진 올가미가 내 손끝에서 파르르 떤다.
  잠자리가 날아간다. 나는 힘껏 올가미를 당긴다. 올

가미에 목 졸린 바람이 넘어진다. 바람이 사라진다. 빈 올가미가 대지 위에 남는다. 나는 성큼성큼 다가가 올가미의 손아귀에 발목을 넣어본다. 납작해진 바람이 발에 밟힌다. 내 발 아래서 바람이 가을의 소리를 낸다.

  대지는 나의 땅
  버스가 도착하고
  너는 내게 손을 흔든다

  대지는 나의 땅
  일주일간 빌려온 내 인생 아래
  새하얗게 빛난다

  대지는 나의 땅
  네가 걸어오고
  네가 걸어간다

나는 올가미를 끌고 간다. 땅 끝에서 트럭이 떨어진

문짝들을 실어 나른다. 일찍 일어난 잠자리들이 길가에 쌓여 있는 문짝들을 치운다. 떨어진 문짝이 트럭의 짐칸으로 던져질 때마다 가을 아침의 꽃들이 봉오리를 터트린다. 숲을 이룬 나무들이 열매를 맺는다.

잠자리들이 트럭을 몰고 간다. 트럭이 출렁인다. 짐칸에 실린 문짝들이 좌우로 휩쓸린다. 가을 아침이 덜컹거린다.

대지는 나의 땅
나의 나쁜 꿈이 던져지고
나의 나쁜 생각이 덜컹거린다

대지는 나의 땅
나에게서 나와
내 앞에 펼쳐진다

대지는 나의 땅
오늘은 발이 시린
네 발 아래 가을이 된다

나는 올가미를 들고 숲으로 들어간다. 숲에는 샤갈, 숲에는 보들레르, 숲에는 트라클, 숲에는 로제티, 숲에는 모딜리아니, 숲에는 李賀의 무덤이 있고, 숲에는 안개, 숲에는 아버지, 숲에는 백제, 숲에는 신라, 숲에는 금강, 숲에는 용산, 숲에는 한강, 숲에는 무악재, 숲에는 터널, 숲에는 대흥동, 숲에는 영등포, 숲에는 장승, 숲에는 관악구, 숲에는 성북역, 숲에는 응급실

 숲에는 뚱뚱한, 치사한, 더러운, 비열한, 민주주의로 위장한, 거북이 등껍질을 쓰고 엉금엉금 기어 다니는, 목소리 큰, 돼지 같은, 타고나지 못한, 변형할 줄 모르는, 벌레 같은, 눈이 없는, 날개가 없는, 쏟아진 맥주 같은, 개 같은, 개만 좋아하는, 개도 좋아하는, 무덤이 있고, 고등어가 있고, 넙치가 있고, 오징어가 있고, 이정표가 있고, 참치가 있고

 대지는 나의 땅
 무당벌레가 있고
 사마귀가 있고
 일주일간 빌려온 내 인생이 있고

대지는 나의 땅
단 한 번만 네가 있고
단 한 번만 내가 있고

나를 향해 손 흔들던
네 팬티가 있고
네 바퀴벌레가 있고
굽 낮은 구두가 있고
해파리가 있고

나는 너에게로 다가간다. 너는 아직 잠들어 있다. 아직도 늦은 아침. 잠자리들이 풀밭에 누워 잠든 네 이마에 입을 맞춘다. 나는 더 가까이 다가가 비스듬히 누워 있는 네 얼굴을 들여다본다. 아직 너를 보지 못한 잠자리들이 하나 둘씩 날아와 네 이마에 입을 맞춘다.

나는 네 곁에 앉아본다. 네게 입을 맞춘 잠자리들이 허공으로 돌아갈 때마다 잠든 네 이마에서 시계 소리가 들린다. 멈추었다 들리고 들리다가 또 멈춘다. 나는 살며시 네 이마에 손을 얹는다. 시계 소리가 난다. 大地의 시간이 네 이마 속에서 소리를 낸다.

　대지는 나의 땅
　빈집들이 솟아난다
　문짝이 떨어지고
　잠자리가 날아온다

　대지는 나의 땅
　여름이 물러나면
　곧바로 겨울이 된다

　대지는 나의 땅
　너의 굽 낮은 구두들이
　줄줄이 숲으로 간다

　가슴이 작고 어깨가 조금 넓은, 일주일에 한 번쯤은 목소리가 고운, 가을 공기를 좋아하는 너. 가을 아침의 잠에서 아직 깨어나지 않은 너. 나는 네 목에 올가미를 건다. 비스듬히 누운 너를 바로 눕히고 올가미를 조인다. 너의 작은 젖가슴이 조금씩, 조금씩 부풀어 오른다. 꽃들이 피어난다. 나무들이 자라난다. 바람을 끌고 오는 잠자리들이 땅속으로 들어간다. 네 몸속에서 가을의 소리가 난다. 나는 올가미를 조인다.

  大地는 나의 땅
  내가 걸어오고
  네가 걸어간다

  대지는 나의 땅
  네가 사라지고
  내가 사라진다

  대지는 나의 땅
  나쁜 꽃들이 피고
  질 나쁜 나무가 자란다

울지 않는 사람의 눈

허공에 손가락으로 동그라미를 그린다
그 속으로
네가 들어가고
내가 들어가고

여름의 공원에는 텅 빈 길

동그라미 속에는
네 목소리
내 목소리

가을의 공원에는 죽은 나무들
가을의 공원에는 죽은 아이들

의사 K와 함께

의사 K의 옷장에서 놀이공원 지도를
발견했습니다.
의사 K는 나의 오랜 친구이지만
놀이공원에는 가지 않습니다.

의사 K는 지금 내가 알지 못하는
어떤 긴급한 전화를 받고
잠시 자리를 비웠습니다.

그가 서둘러 옷을 입고 나간 뒤
나는 의사 K의 열린 옷장을
무심히 바라보다가

K의 옷장에서 놀이공원 지도를
발견했습니다.
내 오랜 친구인 의사 K는
놀이공원에는 가지 않습니다.

전에도 의사 K는
어떤 긴급한 전화를 받고

오늘처럼 밖으로 나갔습니다.
K는 훌륭한 의사입니다.

그때도 나는 K의 옷장에서
놀이공원 지도를 보았습니다.

롤러코스터, 휴게소, 작은 광장, 매표소,
분수, 징검다리, 유령의 집, 전망대

지도에는 정확한 위치
조목조목 일러주는 설명문이 있었고
심지어는 이곳에서
그곳으로 가는 길

잘못 들면 빠져나와
다시 쉽게 가는 길도 적혀 있었습니다.
그렇지만 의사 K는 물론
나 역시
놀이공원에는 절대 가지 않습니다.

그런데 오늘 또
의사 K의 옷장에서
새로 바뀐 놀이공원 지도를
발견했습니다.

의사 K는 나의 오랜 친구입니다.
내가 그를 찾아가면 꼭
긴급한 전화가 옵니다.
K는 참 바쁜 의사입니다.

그가 나가면
옷장 문이 또 이렇게
열려 있게 됩니다.

놀이공원 지도 속엔 걷는 사람, 뛰는 사람
쉬는 사람, 누운 사람, 의사 K와 같은 사람
하나 없지만
나는 또 할 수 없이
이런저런 사람들을 생각하며
지도를 보며

의사 K를 기다립니다.

K를 기다리며 나는 옷장에서 떨어진
놀이공원 지도를 보고 있지만
의사 K는 놀이공원에는 가지 않습니다.
나 또한 가지 않습니다.

의사 K는 지금 내가 알지 못하는
어떤 긴급한 전화를 받고
밖으로 나갔습니다.

나는 지도를 보며 K를 기다립니다.
의사 K는 나의 오랜 친구입니다.
놀이공원에는 절대로 가지 않을 겁니다.

이 가을의 한순간

텅 빈 버스가 굴러왔다

새가 내렸다
고양이가 내렸다
오토바이를 탄 피자 배달원이 내렸고
15톤 트럭이 흙먼지를 날리며
버스에서 내렸다

텅 빈 버스가 내 손바닥 안으로 굴러왔다

나도 내렸다
울고 있던 내 돌들도 모두 내렸다

텅 빈 버스가 굴러왔다

새와 고양이가 들어 있는
서랍이 열렸다

울고 있던 내 돌이 말했다
초침이 돌고 있는 네 눈 속에

단풍잎 하나
떨어지고 있어

새와 고양이가 들어 있는
서랍이 닫혔다

텅 빈 버스가 굴러갔다

일주일에 세 번

그녀의 눈물 한 방울이 뼈 속으로 떨어진다
돌이 되어 떨어진다
알고 있니? 알고 있니?
뼈 속은 빛나는 밤
돌이 된 눈물은 밤에게 포획되어
별처럼 빛이 난다
알고 있니? 알고 있니?
그녀의 눈물 한 방울이 뼈 속으로 떨어진다

첫 번째는 그녀의 이름, 두 번째는 나의 눈, 세 번째는 생각,
네 번째는 나에게 오는 밤, 다섯 번째는 별,
여섯 번째는 눈물, 일곱 번째는 바다, 여덟 번째는 그녀의 여름,
아홉 번째는 벌레들. 첫 번째는 그녀의 이름, 두 번째는 나의 눈,
세 번째는 생각, 네 번째는 나에게 오는 밤,
다섯 번째는 별, 사로잡힌 별.

별이 되어 떨어진다

알고 있니? 알고 있니?
별의 표면에 언덕이 솟고
나무들이 자라고
벌레들이 자라고
빛나는 밤을 먹는 짐승들이 자라고
알고 있니? 알고 있니?
그녀의 눈물 한 방울이 뼈 속으로 떨어진다

첫 번째는 그녀의 이름, 두 번째는 나의 눈, 세 번째는 생각,
네 번째는 나에게 오는 밤, 다섯 번째는 별,
여섯 번째는 눈물, 일곱 번째는 바다, 여덟 번째는 그녀의 여름,
아홉 번째는 벌레들, 짐승들. 첫 번째는 그녀의 이름, 두 번째는 나의 눈,
세 번째는 생각, 네 번째는 나에게 오는 밤,
다섯 번째는 별, 사로잡힌 별.

자유의 여신

경기도에서 버스를 타면 조심하세요. 영국으로 갈지도 몰라요. 히드로 공항에 도착할지도 몰라요. 검은 모자를 쓴 흑인 아저씨가 당신을 내려다보며 숙소가 어디냐고, 왜 왔느냐고, 주소를 말해 보라고 다그칠지도 몰라요.

조심하세요. 경기도에서 버스를 타면 낙타 시장으로 갈지도 몰라요. 나는 가방도 없고 물병도 없고 빛을 가릴 안경도 두고 왔는데 사막을 가로질러 낙타를 타고 가야 한대요. 그럴지도 몰라요.

버스를 타면 조심하세요. 검은 모자를 쓴 타조가 운전을 하고 검은 안경을 쓴 물개가 내 옆에 앉아 더 큰 세상, 더 큰 세계, 이런 것에 대해 물어볼지도 몰라요. 어디서 왔느냐고, 어디로 가느냐고, 당신 목에 칼을 대고 물어볼지도 몰라요.

조심하세요. 나와 함께 경기도에서 버스를 타면. 세상의 끝에 내릴지도 몰라요. 나와 함께 내릴지도 몰라요. 물어도 대답 없는 남쪽 끝에 처박힐지도 몰라요.

한 걸음만 더 디디면 떠나왔던 그 자리가 사라질지도 몰라요.

 경기도에서 버스를 타면 조심하세요. 서울 가는 길. 안양 가는 길. 영국으로 가는 길. 고원으로 가는 길. 케이프타운으로 가는 길. 당신이 내게 비둘기와 화살과 조개에 관해 묻는다면 나는, 숨이 멎을지도 몰라요. 지구는 둥글지 않으니까 조심하세요. 우산은 꼭 챙겨 가세요.

절망의 그림

 그는 절망의 그림을 찾았다. 나는 다른 그림을 보여주기로 했다. 그가 말하고 있는 절망의 한 장면을 나는 상상할 수 있었지만

 나는 다른 그림을 찾아보겠노라고 말했다. 그는 내 말을 막지 않았다. 나는 다른 그림을 꺼내 왔다. 여러 점을 꺼냈다. 크기는 작았으며 알록달록한 색깔이 군데군데 묻어 있었다. 그는 한두 점, 슬렁슬렁 넘겨본 뒤 …… 절망의 그림이어야 할 텐데…… 나직하게 말했다. …… 절망의 그림……

 한 시간쯤 지나서 그가 내게로 왔다. 내 저녁 식사를 염려했고 몇 마디 다른 말을 섞으며 자신의 몸이 아프다는 말을 전했고, 작별을 말했다. 나도 그에게 인사를 했다. 절망의 그림에 대한 이야기는 하지 않았다.

 …… 절망의 그림…… 털옷처럼 두툼한 그의 몸이 쿵쿵쿵 계단을 내려가는 소리가 채 끝나기도 전에, 그가 돌아섰던 내 방문의 한복판에서 쬐끄만 달덩이가 하얗게, 떠오르고 있었다.

죽은 동물을 태운 잠수함처럼

1
태양은 나를 쏘았다
나는 쓰러졌다

구름이 건너가고
바람이 건너가고

숲이 건너가고
강이 건너가고

나는 차에 실려
바다로 갔다

해는 나를 쏘았다
나는 쓰러졌다

땅이 물러나고
벽이 물러나고

가로수가 물러서고

흐르던 전파가 물러서고

나는 차에 실려
바다로 갔다

2
여름은 나를 쏘았다
나는 쓰러졌다

어머니가 달려오고
아버지가 달려오고

친구들이 달려오고
애인들이 달려오고

나는 차에 실려
바다로 갔다

3
해는 나를 쏘았다

나는 쓰러졌다

구름이 건너갔다
바람이 건너갔다

쓰러진 나를 밟고
숲이 건너갔다

나는 차에 실려 바다로 갔다
태양이 나를 쏘았다

나는 쓰러졌다
땅이 가라앉고

벽이 가라앉고
가로수가 내려앉고

흐르던 전파가 소멸했다
나는 차에 실려

바다로 갔다
여름은 나를 쏘았다

4
아버지가 달려왔다
어머니가 달려왔다

친구들이 달려왔다
애인들이 달려왔다

쓰러진 나를 넘어 숲으로 갔다
쓰러진 나를 넘어 강으로 갔다

나는 차에 실려
바다로 갔다

5
해는 나를 쏘았다
나는 쓰러졌다

구름이 쓰러졌다
바람이 쓰러졌다

숲에 떨어졌다
강물에 떨어졌다

사람들이 달려갔다
개들이 달려갔다

나는 차에 실려
바다로 갔다

6
숲에서 아버지가 구름을 찾아냈다
강에서 어머니가 바람을 건져냈다

숲에서 친구들이 아버지를 찾아냈다
강에서 애인들이 어머니를 찾아냈다

친구들이 사라졌다

애인들이 사라졌다

나는 차에 실려
바다로 갔다

차가 사라졌다
차가 사라졌다

7
나 하나만을 위한 여름이
나 하나만을 위한 태양이
나를 쏘았다

나는 쓰러졌다

죽은 동물을 태운 잠수함처럼
그저 나 하나만을 가슴에 안고
물속으로
사라져갔다

창밖에

창밖에 네 사람이 서 있다
——그해 봄에, 그해 봄에
　나는 연인 곁에서 길을 잃었다

창밖에 세 사람이 서 있다
——그해 여름에, 그해 여름에
　나는 연인 곁에서 길을 잃었다

창밖에 두 사람이 서 있다
——그해 가을에, 그해 가을에
　나는 연인 곁에서 길을 잃었다

창밖에 한 사람이 서 있다
——그해 겨울에, 그해 겨울에
　나는 연인 곁에서 길을 잃었다

철근 한 묶음

 놀이터 반쪽을 가로막고 천막이 섰다. 철근을 실은 트럭이 왔다. 한 사람이 내렸다. 철근 한 묶음이 짐칸 옆으로 비스듬히 내려질 동안, 천막에서 두 사람이 나왔다. 기다란 철근 묶음을 어깨에 멨다. 앞에 선 사람은 천막 쪽으로, 뒤에 선 사람은 반대쪽으로 어깨 위에 철근을 올렸다. 두 사람의 어깨에 대각선으로 길게 얹힌 철근 묶음이 출렁거렸다.

 꽃밭을 돌면서 앞사람이 주춤댔다. 철근은 더 크게 출렁거렸다. 뒷사람은 정지했다. 대수롭지 않은 듯 앞사람이 다시 꽃밭의 모퉁이를 돌았다. 그동안 뒷사람은 옆으로 조금씩 꽃게처럼 움직였다. 다시 두 사람이 똑바로 나아갔다. 천막 옆 빈 자리에 철근을 내렸다. 두 사람은 다시 꽃밭을 돌아 트럭으로 돌아오고 있었다. 트럭에서 내렸던 첫째 사람은 여전히, 나머지 한 묶음을 비스듬히 세우고 철근처럼 트럭 앞에 멈춰 서 있었다.

 그때 나는 15층 아파트의 10층 베란다에 서서 손가락 끝에 담배를 끼운 채 좌우로 출렁이고 있었다. 내 손가락 끝에서 보글거리는 게들이 빠져나갔고, 손톱 밑으로 조개들이 몰려왔고, 갯벌이 조금씩 짧아지기 시작했고, 십 미터도 안 되는 리아스식 해안의 짧은 모래밭도 물속에 가라앉아 버렸다. 자욱한 물안개가 내 허리를 감았다. 10층 아래, 바다 속의 놀이터 꽃밭 옆엔 트럭이, 햇볕에 달구어진 마지막 철근 한 묶음을 내리며 오랫동안 정지되어 있었다.

침묵의 뿌리

 토로(吐露). 사흘째 이어지는 빗속으로 손을 잡고 간다. 버스를 타고, 작은 배를 타고 손을 잡고 간다. 첫 번째 사건이 벌어진다. 아침부터 단테는 신곡을 쓰기 시작한다. 마키아벨리는 피신 중에 있다. 사건은 진실의 문을 열기 시작한다. 젊은 여자들이 길을 떠난다. 그중 몇몇은 사랑을 좇아 새 집을 짓고 그중 몇몇은 또 길을 떠난다. 그런 여자들 중 하나가 밤 열한 시에 외출을 한다. 지상의 모든 아이들은 나와 함께 잠들어 있다. 꿈을 꾸는 중이다. 심야의 옷가게에서 여자는 속옷을 고른다. 코코슈카와 키르히너의 그림이 찍힌 이상한 속옷을 고른다.
 두 번째 사건이 벌어진다. 아직 풋내기인 비디오 아티스트 하나가 오토 뮐러의 그림이 찍힌 포스터 앞을 지난다. 포스터 속의 그림은 집시 커플. 늘어진 젖가슴의 집시 처녀가 그림의 한가운데서 살구빛 젖꼭지를 들이민다. 풋내기 아티스트는 살구빛 그것을 보지 못한다. 네 번째 사건은 숲에서 일어난다. (세 번째 사건은 사라졌다.) 칠월. 파워플랜트의 높다란 굴뚝에서 내려온 반쯤 늙은 사내가 숲에서 자전거를 발견한다. 녹슨 자전거. 대수롭지 않은 듯 사내는 잡목 숲을 떠난다. 그때

한 무리의 젊은이들이 숲으로 들어간다. 이틀 후 굴뚝에서 내려온 사내는 경찰서로 불려가 조사를 받는다.

칠월이 가고 팔월이 온다. 여름이 두 다리를 벌리고 굴뚝 위에 올라앉는다. 지상의 모든 아이들은 나와 함께 잠들어 있다. 신곡을 집필하던 단테가 슬며시 내 꿈속으로 들어온다. 속옷을 고르던 젊은 여자가 살구빛 접시 처녀의 손을 잡고 비행기 안으로 들어온다. 녹슨 자전거를 탄 경찰관이 한 무리의 청년들과 함께 터널 속으로 들어온다. 굴뚝에서 내려왔던 그 사내는 빈 병을 들고 단테 옆에 서 있다.

토로(吐露). 사흘째 이어지는 빗속으로 나는 손을 잡고 간다. 작은 배를 타고, 비행기를 타고도 손을 잡고 간다. 고독한 내 상상의 산맥 아래에서 가면을 쓴 알레산드로 디 마리아노 필리페피 보티첼리가 그가 죽고도 몇백 년이 지나 아시아에서 쓰인 한 젊은 시인의 시구를 낭송한다.—네가 떠날 때 바다는 그가 품었던 모든 물고기들을 수면 위로 밀어냈다—떠오르던 물고기들의 소음(騷音). 그러나 사람들은, 속옷 꾸러미를 든 여자들은 이 터무니없는 소음 뒤에서 이 우주를 이루고 있는 정적을 식별해 낸다. 잠든 아이들이 웅얼거린다.

수없이 많은 물방울들이 꿈속에서 터진다. 그러나 하나의 기둥인 나는, 내 침묵의 실뿌리들을 잘라내지 못한다. 식별하지 못한다.

카타르, 세계의 모든 열기 또는
300볼트용 커넥터

나는 한낱 기구일 뿐이다. 300볼트용 연결기

그 속에는 길이 있고, 내가 걸었고
그 속에는 네가 있고 너를 향해 내가 있고

그 속에는 낙타 시장이 있고 공사장이 있고
눈썹 아래로 흘러내리던 머리카락을 다시 쓸어 올리던
내 손이 있고

두 개의 눈이 있고, 두 개의 금속 막대가 있고
몸체를 조여주는 볼트가 있는
300볼트용 커넥터

그런데 그 속에서 길이 말하길, 그 속에서 네가 말하길
내 손가락이 내 손에게 말하길

네가 너를 끌고 가던 날, 내가 내 아버지를 끌고 가던 날
  내가 웃고 있던 내 착한 친구 낙타를 시장으로 끌고 가던 날

햇빛을 끌고 가던 날, 할머니의 무덤을 끌고 가던 날

네 뒤에는 길이 있고, 공사장이 있고
네 뒤에는 네 어머니가 있고 네 아파트가 있고
내 뒤에는 밤이 있고, 낡은 시계가 있고

두 개의 눈이 있고, 두 개의 금속 막대가 있고
디스코 홀이 있고, 벽이 있고, 1970년대의 스트링 수영복이 있고
몸체를 조여주는 굵은 볼트가 녹아내리는
300볼트용 커넥터가 있고

그런데 그 속에서 길이 말하길, 그 속에서 네가 말하길
내 손가락이 내 손에게 말하길

나는 한낱 기구일 뿐이다. 300볼트용 연결기

그 속에는 길이 있고, 내가 걸었고
그 속에는 네가 있고 너를 향해 내가 있고

그 속에는 낙타 시장이 있고 공사장이 있고
눈썹 아래로 흘러내리던 머리카락을 다시 쓸어 올리던 내 손이 있고

카타르의 낙타 시장이 있고, 공사장이 있고
높다란 아파트를 끌고 가는 스트링 수영복의 네 어머니를 끌고 가는 너를
다시 끌고 가는 내가 있고, 무덤을 끌고 가는 할머니를 끌고 가는 햇볕을
끌고 가는 세계의 모든 열기를 끌고 가는 뜨거운 내가 있고

디스코 홀을 끌고 가는 낡은 시계를 끌고 가는 밤을 끌고 가는
웃고 있는 내 착한 낙타를 끌고 가는 차가운 금속 막대가 있는

나는 한낱 기구일 뿐이다. 300볼트용 연결기
──그리하여 나는 살아남을 것이다

칼을 든 미용사를 위한 멜로디

검은 원피스의 그녀가 내 머리를 자른다. 손가락들을 곧게 펴 빗처럼 내 머리칼을 쓸어내리다가 끝자락을 팽팽히 잡고 다른 한 손으로 칼을 세워 팽팽해진 내 머리를 수평으로 긁는다. 한두 번 힘주어 머리칼을 긁으면 내 머리가 잘린다. 처음엔 몇 번 그녀의 칼 소리에 놀라 나는 움찔대지만 가만히 숨죽여 거울에 비친 그녀의 얼굴을 본다.

다시 그녀의 칼 소리가 들린다. 내 머리가 잘려 그녀의 검은 원피스 아래로 떨어진다. 나는 그 소리 앞에 문을 달고 문을 닫는다. 문 뒤에서 검은 원피스를 입은 그녀의 평화로운 얼굴, 칼을 든 그녀의 손이 동심원을 그리며 물속에서 떠오르는 한 편의 영화를 구상한다.

영화는 시작된다. 물결치는 머리채를 휘날리며 그녀가 연못 앞에 서 있다. 못 가운데로 칼을 던진다. 곧바로 나는 다음 장면을 위한 음악을 구상한다. 숨죽여 내 귓속으로 밀려오는 음악 소리를 듣는다. 나는 그 소리를 따라 멜로디의 바닥으로 내려간다.

바닥에서 나는, 한때 내가 H라고 명명한 작은 섬을 만난다. 솔잎 같은 H. 뾰족한 H. 불명료한 것에 대해 끝없이 항거하는 H. 그렇지만 명명된 H. 섬의 봉우리엔 솔잎 같은 머리칼이 흩어져 뒹군다. 검은 천을 덮고 손목을 잃은 한 소녀가 잠들어 있다. 검은 천을 덮고 잘려진 내 머리가 잠들어 있다. 잠 속에서 멜로디가 흘러나온다.

나는 마지막 장면에 몰두한다. 그동안 검은 원피스를 입은 미용사인 그녀가 힘주어 내 마지막 머리칼을 긁는다. 그녀의 칼날이 솔잎처럼 갈라져 바닥으로 떨어진다. 새파랗게 쌓인다. 낙엽 진 숲 속에 내 머리가 떨어진다. 검은 원피스의 그녀가 숲 속으로 들어간다.

문이 닫힌다. 등 뒤에서 뜨거운 기운이 다가온다. 두피에서 열이 난다. 내 머리 속에서 칼을 든 그녀가 열에 녹는다. 녹아내린 그녀가 딱딱하게 굳으며 문이 닫힌다. 머리카락이 떨어진다. 이제 나는 딱딱하게 굳은 그녀의 거울 앞에서 동심원이 될 것이다.

녹아버린 영화 속에서 나는 끝없이 항거하는 섬이 될 것이다. 그녀가 돌아오면 나는 머리에 흰 깃발을 꽂고 달려나갈 것이다. 그렇지만 폭설. 쏟아지는 눈송이. 폭설. 그녀의 얼굴. 그녀의 H. 쏟아지는 눈송이.

 폭설. 그래도 나는 저 아래, 저 앞에, 밤의 고속도로가 될 것이다. 머리카락이 떨어진다. 폭설. 그 위에 선 칼을 든 미용사의 검은 원피스 속에서 음모 하나가 뾰족한 H처럼 돋아나 그녀의 허벅지를 움찔대게 하는 내 파국(破局)의 멜로디를 칼을 든 누군가는 듣고 있을까.

택시

뚱뚱한 여자, 늙은 여자, 못생긴 여자, 시큰둥한 여자.
차례로 택시를 탑니다.

못생긴 나는 정류장에서
늙은 남자, 허약한 남자, 교활한 남자, 얼빠진 남자들과 함께
담배만 피웁니다.

한식당, 중식당, 슈퍼마켓, 주차장, 영안실, 화장실에서 나온 여자들은 차례로 택시를 탑니다.

허약한 남자, 뚱뚱한 남자, 못생긴 남자,
죽은 개구리를 주머니 가득 넣고 있는 남자.
차례로 나는 그런 남자가 되어
큰길에 앉아 있습니다.

TAXI. 택시……

텅 빈 도시가 내 방 안에 맨발로 서 있다

먼지들 사이에서 더 미세한 먼지가
예리한 감정의 날을 세우고
텅 빈 생각을 품고
내 방 안에 맨발로 서 있다

모두들 돌아가버린 내 기억의 왕국

왕과 왕비가 죽고
공주와 왕자가 죽고
병사들과 장군들과 말들이 죽고
농부와 대장장이와 짐꾼과 목수와 석공들도
모두 떠난 뒤
아이들과 메뚜기와 들쥐들도 숨어버린 들판

내 미래의 왕국

먼지들 사이에서 더 미세한 먼지가
예리한 감정의 날을 세우고
텅 빈 생각을 품고

내 방 안에 맨발로 서 있다

텅 빈 도시가
내
방
안
에 맨발로 서 있다

토카타, 나의 토카타

토카타 / 푸른 안개 / 토카타 / 긴 혀 / 토카타 / 푸른 안개 / 토카타 / 새로 / 토카타 / 푸른 길/ 토카타 / 긴 혀 / 토카타 / 다시 / 토카타 / 푸른 안개 / 토카타 / 긴 혀 / 토카타 / 푸른 / 토카타 / 길 / 토카타 / 긴 / 토카타 / 혀 / 토카타 / 나의 / 토카타 / 입구 / 토카타 / 나의 / 토카타 / 출구 / 토카타 / 푸른 / 토카타 / 안개 / 토카타 / 빠른 / 토카타 / 분절 / 토카타 / 나의 / 토카타 / 분산 / 토카타/ 나의 / 토카타 / 안개 / 토카타 / 푸른 / 토카타 / 나의 / 토카타 / 당나귀 / 토카타 / 나의 당나귀 / 토카타

1968년 / 2월 / 나의 은행나무 / 죽다 / 18일 / 나의 은행나무 / 태어나다 / 불평하다 / 토카타 / 눕다 / 토카타 / 잠들다 / 토카타 / 푸른 안개 / 토카타 / 토카타 / 푸른 길 / 입구 / 토카타 / 다르다 / 토카타 / 웃다 / 토카타 / 나의 / 토카타 / 당나귀 / 토카타 / 나의 은행나무 / 태어나다 / 토카타 / 이미지 / 토카타 / 이야기 / 토카타 / 가다 / 토카타 / 보다 / 토카타 / 말하다 / 나의 / 토카타 / 다르다 / 토카타 / 죽음의 목록 / 생존의 목록 / 토카타 / Toccata / 토카타 / 토카타

푸르른 사람 1

화분을 든 네가 집으로 온다
식물은 죽고
나는 창문을 연다

화분을 든 네가
문밖에서 벨을 누른다
나는 창밖으로 뛰어내린다

화분을 든 네가 열쇠를 꺼낸다
잠긴 문을 따고
집으로 들어간다

길은 하나
나는
네가 화분을 들고 걸어온 길을 향해
달려나간다

화분을 든 네가
나를 찾는다
나는 경사진 도로를 달려

길을 건넌다

화분을 든 네가
내가 뛰어내린 창가에
화분을 내려놓는다

나는 걸음을 멈춘다
물통을 든 네가
잎이 마른 화분에
물을 쏟아붓는다

이제 너는 날아오를 것이다. 제1바이올린, 제2바이올린, 비올라, 첼로가 함께 연주하는 음악이 폭음(爆音)처럼 끝날 때. 화분을 들고 내게로 다가오는 너는 날아오를 것이다.

가로등, 화장품, 편의점, 소파. 경사진 도로를 내려가는 바퀴처럼, 내가 아직 구름이었을 때, 내가 아직 나무였을 때. 둥글게, 둥글게 만들어서 굴려버린 해처럼, 내 머리 위에 마구 그려 넣은 붉은 공처럼.

너는 날아오를 것이다. 가로등, 화장품, 편의점, 소파. 그중에서 나는 편의점을 고른다. 너는 가로등을 고른다. 그래. 가로등이 된 네가 눈부시게 빛나고 있구나. 그래. 편의점을 고른 내가 상자처럼 놓여 있구나.

너는 화분을 들고 내 앞으로 다가오고 있었지. 버려진 신문, 버려진 잡지, 버려진 종이 상자. 불안, 새로 배달된 토마토 반 상자가 내 앞에 쌓여 있고. 나는 큰 잎으로 얼굴을 막고, 귀를 막고, 몸을 가리고. 그러나 너는 더 가까이 다가오고 있었지.

내가 아직 나무였을 때. 내가 아직 구름이었을 때. 감나무의 유령이 젊은 애인의 허리를 감싸 안고 숲에서 내려오고 있었지. 그날도 나는 큰 잎으로 얼굴을 막고, 귀를 막고. 폭포 아래, 바위틈에 낙엽처럼 숨어 있었지. 그러나 너는 날아오를 것이다.

솟아오르는 네 얼굴을 나는 볼 수 없겠지만, 너는 나를 가로질러 날아오를 것이다. 제1바이올린, 제2바이올린, 비올라, 첼로, 가로등, 화장품, 편의점, 소파, 불안. 이제는 유령이 된 감나무의 젊은 애인도 경사진 도로를 달리다가 너를 향해 날아오를 것이다.

  너는 가로등이 된다
  나는 편의점이 된다

  네가 불을 켠다
  나도 불을 켠다

  네가 그림자를 만든다
  나는 상자를 가득 쌓아놓는다

  너는 빛이 된다
  나는 상자가 된다

  너는 거리를 본다
  나는 문밖을 본다

  너는 어둠 속에 있다
  나는 빛 속에 있다

너는 내게로 온다
나는 너에게서 달아난다

 이제 너는 날아오를 것이다. 내 귀에서 터져 나오는 제1의 세계, 제2의 세계, 비 오기 전의 구름, 비 온 뒤의 구름이 함께 연주하는 음악이 폭음(爆音)처럼 끝날 때. 화분을 들고 내게로 다가온 너는 날아오를 것이다.

 가로등, 화장품, 편의점, 소파. 경사진 도로를 내려가는 바퀴처럼. 내가 아직 구름이었을 때, 내가 아직 나무였을 때. 둥글게, 둥글게 만들어서 굴려버린 해처럼, 내 머리 위에 마구 그려 넣은 붉은 공처럼.

 너는 날아오를 것이다. 가로등, 화장품, 편의점, 소파. 그중에서 나는 편의점을 고른다. 너는 가로등을 고른다. 그래. 가로등이 된 네가 눈부시게 빛나고 있구나. 그래. 편의점을 고른 내가 상자처럼 놓여 있구나.

 너는 화분을 들고 내 앞으로 다가왔었지. 버려진 신문, 버려진 잡지, 버려진 종이 상자. 불안, 새로 배달

된 토마토 반 상자가 문 앞에 쌓여 있었고. 나는 큰 잎으로 얼굴을 막고, 귀를 막고 몸을 가리고. 그러나 너는 더 가까이 다가오고 있었지.

내가 아직 나무였을 때. 내가 아직 구름이었을 때. 감나무의 유령이 젊은 애인의 허리를 감싸 안고 숲에서 내려오고 있었지. 그날도 나는 큰 잎으로 얼굴을 막고, 귀를 막고. 폭포 아래, 바위틈에 낙엽처럼 숨어 있었지. 그러나 너는 날아오를 것이다.

솟아오르는 네 얼굴을 나는 볼 수 없겠지만, 너는 나를 가로질러 날아오를 것이다. 제1의 세계, 제2의 세계, 비 오기 전의 구름, 비 온 뒤의 구름, 가로등, 화장품, 편의점, 소파, 불안. 이제는 유령이 된 감나무의 젊은 애인도 경사진 도로를 달리다가 너를 향해 날아오를 것이다.

너는 구름이 된다
나는 나무가 된다

너는 경사진 도로가 된다
나는 바퀴가 된다

너는 유령이 된다
나는 낙엽이 된다

너는 비가 된다
나는 나무가 된다

너는 내가 된다
그렇지만 나는 늘
나는 너에게서 달아난다

너는 푸르른 사람이 된다
나는 달아난다

푸르른 사람 2

누워 있는 사람
생각하는 사람

서 있는 사람
흔들리는 사람

웃고 있는 사람
떠다니는 사람

흘러가는 사람
돌아올 수 없는 사람

돌아가는 사람
누워 있는 사람

생각하는 사람
서 있는 사람

흔들리는 사람
웃고 있는 사람

떠다니는 사람
딱딱한 사람

소리가 나지 않는 사람
손을 든 사람

보이지 않는 사람
그가 웃을 때마다 등 뒤에서

꽃잎이 피는 사람
꽃잎이 지는 사람
서 있는 사람
누워 있는 사람

다음에 다시 만들 때에도
딱딱한
보이지 않는 사람

하늘에는 비행기 땅에는 섹스

유리병을 들고
붕대를 들고
사전을 들고
벽돌을 들고
해바라기를 들고
세상에서 가장 큰 거울을 들고
영화관을 들고
해를 들고
밤을 들고

할아버지. 올가을엔 타지마할에 가요. 앙코르 와트에 가요.
불국사에 함께 가요. 할아버지

유리병이 녹고
붕대가 녹고
사전이 녹고
벽돌이 녹고
해바라기가 녹고
거울이 녹고

영화관이 녹고
해가 녹고
밤이 녹고

할아버지. 내년 봄엔 타지마할에 가요. 앙코르 와트에 가요.
불국사에 함께 가요. 할아버지. 할아버지

한 사람이 울고
한 사람이 웃고

한 사람이 울고
한 사람이 웃고

할아버지. 올가을엔 타지마할에 가요. 앙코르 와트에 가요.
불국사에 가요. 할아버지

유리병을 들고
붕대를 들고

사전을 들고
벽돌을 들고
해바라기를 들고
세상에서 가장 큰 거울을 들고
영화관을 들고
해를 들고
밤을 들고

할아버지. 올여름엔 타지마할에 갔었어요. 앙코르 와트에 갔었어요.
불국사에도 갔어요. 할아버지. 할아버지

유리병이 녹고
붕대가 녹고
사전이 녹고
벽돌이 녹고
해바라기가 녹고
거울이 녹고
영화관이 녹고
해가 녹고

밤이 녹고

할아버지. 내년 봄엔 다시 타지마할에 가요. 앙코르 와트에 가요.
불국사에 가요. 할아버지. 할아버지

한 사람이 울고
한 사람이 웃고

한 사람이 울고
한 사람이 웃고

하늘에는 비행기, 땅에는 섹스
할아버지. 이제는 다 잊고 싶어요.
잊어버리고 싶어요, 할아버지. 할아버지

유리병이 녹고
붕대가 녹고
사전이 녹고
벽돌이 녹고

해바라기가 녹고
거울이 녹고
영화관이 녹고
해가 녹고
밤이 녹고

세상에서 가장 큰 거울도 다 녹아버렸을까요?
알고 싶어요. 할아버지
하늘에는 비행기, 땅에는 섹스
그런 것들도 이젠 다 녹아버렸을까요. 할아버지. 할아버지

유리병을 들고
붕대를 들고
사전을 들고
벽돌을 들고
해바라기를 들고
세상에서 가장 큰 거울을 들고
영화관을 들고
해를 들고

밤을 들고

할아버지. 타지마할에 갈 수 있을까요. 앙코르 와트에,
불국사에 다시 갈 수 있나요. 할아버지
이런 것들을 다 들고도 갈 수 있나요. 그럴 수도 있
나요.
할아버지. 할아버지. 이렇게 다 끝나버릴 수도 있나요.

할머니의 물고기

평양반닫이의 백동 장식은 물고기
오동나무였는지
참나무였는지
몰라도

평양반닫이의 백동 장식은 물고기
눈알에 못이 박힌
물고기 같지 않은 물고기

사방에서 흰 배꽃 피고
자물통에서 물소리가 들리는
평양반닫이의
백동 장식은 물고기

붉은 천에 아편 한 알
겹겹이 싸여 오랫동안 묵다가
토사곽란의 아침
다 갈아먹고

자물통도 먹고

눈알도 먹고
배꽃도 먹고
반닫이 밑바닥도 파먹어버린
평양반닫이의 백동 장식은 물고기

내 알을 낳아주는 물고기

황혼에, 가야금 연주로
비발디의 곡을 듣다가

가야금 연주로 비발디의 곡을 듣다가
50년 전에 자살한 러시아의 화가
그의 그림에 그려진 여인

붉은 벽 앞에 누운
고개를 돌려 눈동자도 입술도 보이지 않는
그림 속의 여인

그녀의 몸이 누운
해변의 모래밭 같은 바닥이
모래처럼 그녀의 손가락을 빨아들여
손가락도 보이지 않는

그러나 무릎만은 불빛처럼 환한,
50년 전에 자살한 러시아의 화가
그의 그림 속에 그려진
바로 그 그림의 주인일지도 모르는
나의 사람을

천둥 치는 바다

아스팔트 위에 내려앉은 새
또는 붉은 벽 같은

지상의 어떤 유혹을 견디지 못한
나의 사람을
쓰다 버린 전구가 몇 개 쌓인
플라스틱 통 속에
음악처럼 흘러가는 내 손을 넣고

뒤지다가
보다가
다시 듣다가
황혼의 가야금 주자들이
비발디의 곡을 마친 뒤에도
사라지지 않는다
내 많은 사람들이 뒤섞여 사라지지 않는다

10개의 강아지 인형을 지키는 옷장 속의 인간

창밖에는 비 오고요. 바람 불고요.
그대의 창백한 얼굴이 가슴에 있네요

문밖에는 비 오구요. 바람 불고요.
그대의 창백한 얼굴이 발 아래 있네요

창밖에는 비 오고요. 바람 불고요.
그대의 창백한 얼굴이 등 뒤에 있네요

문밖에는 비 오고요. 바람 불고요. 나는,
그대의 창백한 얼굴이, 나는, 열 개나 있네요

6월 28일, 나무 속의 검은 새

6월 28일, 비
6월 29일, 비
6월 30일, 비

6월 28일, 금요일
6월 29일, 금요일
6월 30일, 금요일

6월 28일, 혼자
6월 29일, 혼자
6월 30일, 혼자

6월 28일, 나무 속의 검은 새
6월 29일, 날다
6월 30일, 날다

6월 28일, 나무 속의 바다
6월 29일, 파도치다
6월 30일, 파도치다

7월 1일 월요일, 혼자, 비 그치고, 맑은 하늘, 나무 속에 앉아서, 바닷가에 앉아서, 언제 올까? 언제 갈까? 이제 올까, 이제 갈까? 갑자기 아침이 온 뒤, 갑자기 비가 그친 뒤, 갑자기 7월마저 떠난 뒤

  그래도, 비
  그래도, 비
  그래도, 비
  그래도, 비

Love Adagio

아직 덜 마른 목재들이 마르는 소리
──그의 무른 몸이 내 지붕에 닿았다가
　떨어지는 소리

아직 덜 마른 그의 몸이 마르는 소리
──그의 불행이 내 지붕에 닿았다가
　떨어지는 소리

아직 덜 마른 짐승의 살이 마르는 소리
──아직 눅눅한 그의 몸이 내 지붕에 닿았다가
　떨어지는 소리

Tan — Tan — Tan

흰 바다가 내려갔다
소녀는 온몸이 부서질 듯 진저리를 치다가
흰 바닥으로 허물어져갔다

큰 꽃이 떠내려갔다
흰 바다에 큰 꽃이 피고
소녀의 둥근 가슴에서 밀려나온 파도가
큰 꽃을 안고 떠내려갔다

토끼들의 천국에서 양들이 피아노 건반을 빠른 속도로 마구 두드리고 있었다. 토끼들의 카페에서 물소리가, 파도치는 소리가 은은히 또는 미친 듯이 터져 나오고 있었다. 토끼들의 천국에서 양들이 늑대의 뒤를 쫓고 있었다. 외로운 늑대가 골목을 벗어나고 있었다.

흰 바다가 내려갔다
소녀는 온몸이 부서질 듯 진저리를 치다가
흰 바닥으로 허물어져갔다

큰 꽃이 떠내려갔다

소녀의 뜨거운 수풀에 애욕에 찬 혀끝이 닿고
  밀려나온 파도가
  허물어진 큰 꽃을 안고 떠내려갔다

  토끼들의 천국에서 양들이 마구 피아노 건반을 두드리고 있었다. 토끼들의 카페에서 서서히 또는 갑자기 물소리가, 파도치는 소리가 흘러나오고 있었다. 토끼들의 천국에서 양들이 제 몸에 일제히 긴 창을 꽂고 있었다. 외로운 늑대가 황혼을 향해 울부짖고 있었다.

  흰 바다가 내려갔다
  소녀의 벗은 몸이 부서질 듯 진저리를 치다가
  바다를 끌고, 바다 속으로
  허물어져갔다

피날레 Finale

네가 떠날 때
바다는 그가 품었던 모든 물고기들을
수면 위로 떠오르게 하였다

네가 떠날 때
나는 주저앉아 돌을 먹고 모래를 삼키고
Crisscross
Crisscross

네가 떠날 때
태양은 내가 쏘아올린 모든 별들을
북극으로 보냈다

나는 일어서서
Crisscross
Crisscross

네가 떠날 때
하늘은 비바람이 되고
땅은 내 핏속에서 마구 뒹구는 바위가 되고

기억하라. 내 사랑, 내 욕망, 내 비탄
Crisscross
Crisscross

기억하라. 주차장은 왼쪽
기억하라. 주차장은 1층에 있다

지은이 **박상순**
서울 출생.
서울대학교 미술대학 회화과에서 서양화를 전공했다.
1991년 계간 《작가세계》에 「빵공장으로 통하는 철도」 외 8편의
시를 발표하며 등단했다. 1996년 〈현대시 동인상〉을 수상했다.
시집으로 『6은 나무, 7은 돌고래』와 『마라나, 포르노 만화의
여주인공』이 있다.

Love Adagio

1판 1쇄 펴냄 2004년 9월 10일
1판 5쇄 펴냄 2024년 1월 23일

지은이 박상순
발행인 박근섭, 박상준
펴낸곳 (주)민음사

출판등록 1966. 5.19. (제16-490호)
서울특별시 강남구 도산대로1길 62(신사동)
강남출판문화센터 5층 (06027)
대표전화 02-515-2000 / 팩시밀리 02-515-2007
www.minumsa.com

ⓒ 박상순, 2004. Printed in Seoul, Korea

ISBN 978-89-374-0726-0 (03810)

* 잘못 만들어진 책은 구입처에서 교환해 드립니다.